AF451932

NOTES MANUSCRITES

D'UN

CONSEILLER AU PARLEMENT DE NORMANDIE

1769-1789

NOTES MANUSCRITES

D'UN

CONSEILLER AU PARLEMENT DE NORMANDIE

1769-1789

Par le Comte d'Estaintot

ROUEN

IMPRIMERIE DE ESPÉRANCE CAGNIARD

Rue Jeanne-Darc, 88

—

1889

NOTES MANUSCRITES

D'UN

CONSEILLER AU PARLEMENT DE NORMANDIE

1769-1789

Par le Comte d'ESTAINTOT

———

M. Floquet, dans son *Histoire du Parlement de Normandie*, cite plusieurs fois (1) des renseignements empruntés aux notes manuscrites d'un conseiller au parlement, M. de Gressent. Il avait eu l'occasion de les consulter, dit-il, dans la bibliothèque de **M.** Alfred Daviel, avocat.

Les hasards des ventes publiques les ont, il y a quelques années, fait tomber entre mes mains, et j'ai pensé que l'Académie trouverait quelque intérêt à les connaître dans leur intégrité.

Elles sont assez irrégulièrement disséminées dans un recueil factice de deux volumes in-4°, que leur auteur avait composé de pièces détachées ayant eu quelque rapport avec sa vie parlementaire.

(1) T. VI, 681, 707; T. VII, 17, 30, 33, 34, 43, 235.

6

Le premier volume commence par les mémoires de
Beaumarchais contre le conseiller Goezman ; le second
se termine par les mémoires relatifs aux difficultés sou-
levées au parlement de Bretagne en 1769, entre le duc
d'Aiguillon, gouverneur de cette province et le procureur
général la Chalotais.

Ils encadrent de nombreux documents imprimés relatifs à l'histoire parlementaire de notre province. Au
milieu se trouvaient disséminés les portraits finement
gravés des notabilités de l'époque : Caron de Beaumarchais, par Cochin ; le ministre Bertin, la reine Marie-
Antoinette, le duc de laVrillière, par Marillier ; Turgot,
par Lebeau ; le duc d'Orléans, d'Aligre, premier président au parlement de Paris, le comte de Maurepas, par
Dupin ; le premier président de Montholon et Louis XVI,
par Lemire ; malheureusement un certain nombre
d'entre elles ont disparu (Bertin, la Reine, le duc d'Orléans et d'Aligre), mais on y trouve, en revanche, un
exemplaire de l'eau-forte, plus curieuse par sa rareté
que par son mérite artistique, qui fut faite en 1763, avec
ce titre : *Remonstrances du parlement de Rouen* et
qui représentait l'*ambition*, la *flatterie*, la *cupidité*,
la *fraude* et l'*envie* assises par surprise auprès du trône
où siégeait Louis XV ; aux pieds du trône, la France
déplore ses malheurs, et, près d'elle, la Vérité montre, en
avant des populations attristées, le parlement prêt à
éclairer le Roi (1).

M. de Gressent attachait à ce recueil un intérêt parti-

(1) Floquet, *Histoire du Parlement*, VI, 569.

culier, car on lit sur les feuilles de garde du second volume la mention suivante :

« Ces deux volumes ne sont pas faits pour estre vendus, et je les donne dès ce moment à M. de Saint-Clair ou à son fils aîné, m'en réservant l'usufruit. Rouen, le 28 septembre 1790. L.-A. Gressent et un paraphe. »

Encore bien que le conseiller Gressent n'ait joué de son temps qu'un rôle assez effacé, c'est un témoin des événements qu'il raconte. Il se trouva nécessairement mêlé à cette lutte des parlements contre l'ancienne monarchie, qui fut le prélude des événements de 1789 ; il donne d'ailleurs sur lui-même, sur sa famille, sur les conditions dans lesquelles il entra dans la magistrature des renseignements empreints de la plus entière bonne foi ; il y ajoute çà et là, le tout au hazard de feuilles détachées et même sur les pages blanches des imprimés qu'il collectionne, des réflexions inspirées par les événements, et qui ont le mérite de ne se ressentir d'aucun apprêt. Aussi ai-je pensé qu'à notre époque, si désireuse de la vérité historique, puisée aux témoignages directs sur le passé, les extraits textuels que je reproduirai ne seront pas jugés indignes d'attention.

Le conseiller Gressent était né le 31 octobre 1746. Son père était Jean Gressent, ancien vicomte et lieutenant général de Neufchâtel, et sa mère, Marie-Marguerite-Félicité Marchand.

« Mon père, dit-il, avait épousé en premières noces une des filles du baron de Gosselin du Caulle (1), dont il

(1) Nous avons retrouvé sur les registres de la paroisse Saint-Pierre-l'Honoré de Rouen, sous la date du 15 janvier 1729, l'acte de

8

n'eut pas d'enfants, et en secondes ma mère qui a eu onze
enfants dont j'ai été le seul qui ait vécut. Mon père,
homme fort estimé par son grand sçavoir et sa probité,
était grand, vigoureux, de la plus belle figure, une
aisance à parler et plus de mérite qu'on n'en a ordinaire-
ment dans les petites villes. Ma mère, de la famille Mouchard, dont un est conseiller actuellement de grand'-
chambre (1), était d'une taille moyenne, mais d'une char-
mante figure, la main et le pied beaux, la peau blanche,
douce dans la société, aimant ses enfants au-delà d'elle
mesme. Etant restée veufve fort jeune, elle n'a jamais
voulu écouter de propositions de mariage, quoiqu'on lui
en ait proposé plusieurs fois de sortables et d'avantageux.
Mais elle craignait pour ses enfants, car nous étions
deux lorsque mon père mourut en septembre 1754. Mon
autre frère est mort trois ans après, et j'ai perdu ma
mère le 30 juillet 1776. Elle m'a ellevé avec la plus

mariage de Jean Gressent, vicomte de Neufchâtel, fils d'autre Jean,
vicomte dudit lieu, et de Catherine de Faverolles, avec Anne-Louise de
Gosselin, veuve, fille de Jean de Gosselin, seigneur du Caulle, et de
Marguerite de Guéribalde.

(1) On trouve Jean-Jacques Mouchard, reçu au parlement en 1729,
et Anne-Louis Mouchard, reçu en 1751.

Jean-Jacques Mouchard était secrétaire du roi et maire de Rouen
en 1729.

Une Anne Mouchard avait épousé Pierre Le Vaillant, premier avocat
au bailliage de Neufchâtel, et leur fille épousait, le 19 juillet 1725,
Jean Gallye, seigneur et patron de Perduville.

Un Pierre-Paul Mouchard de la Corbière, mort avant 1761, avait
été receveur des consignations à Neufchâtel, et sa fille épousait, en
1761, Laurent-Paul Le Poulletier de Montenant, conseiller maître en
la Cour des Comptes.

grande douceur jusqu'à l'age ou il a fallu me mettre en pension pour me donner de l'éducation. Je n'y ai pu aller qu'a 12 ans et je ne sçavais rien. J'ai eu bien sept maladies pour parvenir à cet age, dont une m'avait fait perdre connaissance et avoit attaqué le cerveau qu'il falloit ménager. J'avais 13 ans que je n'allois qu'en sixième et que je n'y fesois pas bien. Cela m'a donné un dégoût longtemps pour l'étude, mon inclination étant naturelle pour la paresse, ce qui vient peut-être de ce qu'on m'a ellevé avec trop de soins. La mort de mon pauvre père fut une suite de sa sensibilité. Il avait tous enfans, gros, blancs et beaux, cependant il les perdoit tous. Un surtout, celui qui me précédoit, étoit à sept ans en sixième et avoit remporté un prix à l'Université de Paris. Il tombe malade chez M. Augy et y meurt. Mon père, qui étoit volé à son secours, en revint avec une mélancolie que les remèdes et des voyages n'ont pu rétablir.

« Comme j'étais des voyages avec mon père et ma mère, le médecin, homme habile et complaisant, s'apperçut au Havre, que je ne serais pas, comme il l'avait craint, imbécile. Il vit toute ma curiosité se développer à la vue de la mer, et se nommait M. Ferran. Ma mère me fit émanciper à 16 ans, et je la priay de continuer ses bons soins pour ma personne et pour mes biens. En effet, elle fit l'un et l'autre en me donnant de bons avis et en me mettant dans des pensions au-delà de ce que comportait ma fortune. Mais elle y suppléait du sien en me faisant des présens soit en argent, habit, me recevant avec des précepteurs de vacquence et des parens et amis pendant deux mois. J'eus des maîtres de danse, de musique et d'escrime. J'ai toujours regretté de n'avoir pas appris à dessiner, cela a toujours été mon goût dominant. J'aime passionnément les beaux tableaux et estampes. Mais les affaires et le tourbillon m'ont emporté quand je fus une fois dans le monde. »

Ces premières pages font connaître avec simplicité l'intérieur si calme où s'écoulèrent les premières années de notre futur magistrat. Elles font toucher du doigt les soins donnés à l'éducation des enfants, et ce jeune garçon de sept ans, qui à cet âge est déjà en sixième et a remporté un prix à l'Université de Paris, en est un sûr témoignage. Il est vrai que le pauvre petit bonhomme en est mort, et nous concevons le chagrin qu'a dû ressentir le père d'avoir, par un peu d'imprévoyance peut-être, abusé de cette dangereuse précocité.

Gressent renseigne également sur sa parenté.

Son père n'avait eu que des sœurs : l'une mariée à M. de Hautecloque de Saint-Clair, officier de la reine, dont le fils acheta une charge de M^c des Comptes à Rouen ; l'autre sœur épousa M. Patry, président au grenier à sel de Neufchâtel, n'en eut qu'une fille, mariée à M. Gillet, garde du corps. Gressent paraît n'avoir voulu conserver avec cette dernière branche de sa famille aucunes relations.

Sa mère avait trois sœurs : Mme Levaillant, mère de Mme Bodin et de Mme de la Bouglise ; Mme de Longpré, mère de trois fils dont un épousa Mlle Bezuel, et Mme Hurron.

Il avait pour grands oncles MM. de Faverolles, l'un

colonel du régiment d'Auxerrois, infanterie, l'autre mort chevalier de Saint-Louis, et leur succession ne paraît lui avoir rapporté que la charge d'un grand procès pour des vignes dans l'Orléanais. Il s'en lassa bien vite, paraissant surtout priser les douceurs du repos, et prit l'héroïque parti de brûler les papiers qui s'y rapportaient pour n'avoir jamais la tentation de le poursuivre.

C'est dans ces conditions que Gresset arriva à l'âge de 21 ans. Comme il le dit lui-même, « je n'étais plus novice ; j'avois habité Paris plus de trois ans dans une maison où étoient des aprentifs magistrats et des mousquetaires et cette pension n'avoit rien de gêné. Il falloit estre régulier et avoir un ton honneste. » Il avait alors à choisir sa carrière.

« Ma mère, dit-il, voulait que je fusse comme mes ancestres à Neufchatel. Il ne tenoit qu'à moy ; M. Patry, homme agé ne semblait que m'attendre pour vendre. On me désirait dans le pays, parce qu'on se souvenait du mérite de mon père et de mon ayeul ; j'y avois ma mère que j'aimais beaucoup, une belle maison bien meublée, mes biens aux environs. »

Mais d'autres raisons l'en éloignaient. Il avait fait l'expérience de ce que sont les commérages de petite ville et il l'exprime assez naïvement : « Une des choses qui m'éloignait le plus de Neufchatel était la jalousie et les faux rapports. Le temps des vacquences que je passais chez ma mère, elle avoit grand soin de m'envoyer faire des visites et on avait l'usage de lui rapporter tout ce que j'avais dit et ce que je n'avais pas dit, de là naissait des sujets de remontrances pour moy. D'ailleurs,

12

pas un jeune homme dont je peusse faire mon amy; pour
les femmes, ma mère n'aimait pas les galantes, les autres
je les trouvais bien ennuyeuses, et les demoiselles,
comme elles étoient peu riches, ma mère ne voulait pas
que j'y allasse souvent, de peur de laisser former une
inclination. »

Il avait encore une raison, qui est bien de son temps,
et qu'il faut connaître, pour apprécier la société du
XVIIIᵉ siècle; les charges judiciaires de second ordre
comme celle de lieutenant général ou de vicomte à Neufchâtel, n'emportaient aucun privilège de noblesse;
Gressent y aspirait, et l'explique franchement : « Je ne
suis pas né gentilhomme et mon amour propre a toujours
souffert de voir qu'un malotru dont le père avoit été
secrétaire du roi (1) avoit tous les avantages de noblesse
que je n'avois et que par cette voye je ne pouvois conserver à mes enfants. »

Il tourna naturellement les yeux vers une charge au
parlement. Ses relations l'y portaient.

« Je demeurois en pension chez une dame Botrel où
demeuroient des conseillers au parlement, M. l'abbé de
Ruallem (2) entre autres, ami du président aux requêtes d'Etauville (3). »

(1) Les secrétaires du Roi jouissaient de privilèges nombreux que
rappelle Chérin, dans son *Abrégé chronologique*, d'édits, décla-
rations... concernant le fait de la noblesse. Paris, Royez, 1788,
in-12. Le plus considérable était celui de la noblesse transmissible
au premier degré, après vingt années d'exercice, rappelé et confirmé
par l'édit de décembre 1727.

(2) Pierre de Ruallem, chanoine et archidiacre de Coutances, avait
été reçu conseiller-clerc en 1766.

(3) Nicolas de Mahiel d'Estauville avait été reçu président aux
requêtes, en 1765.

Et ici il va nous initier aux différences qui existaient entre les diverses charges. Les moins chères étaient celles de conseiller aux requêtes. Il est vrai « qu'il n'y avoit ny travail ni par conséquent d'émoluments, ny autre honneur que celui d'estre du camp du parlement ». Sa mère les préférait, parce qu'aux enquêtes « elle pensoit qu'il falloit avoir plus de fortune ; cela est vrai, ajoute notre écrivain, mais cependant un conseiller des requestes, s'il veut vivre dans la société, est obligé à la mesme dépense étant de mesme rang. »

Il fut bientôt obligé de prendre parti; sa mère le mandait auprès d'elle en juin 1769 et l'informait qu'elle avait parole de M. Patry pour traiter de sa charge aux vacances.

Il revint à Rouen en grand émoi, en parla à M. de Ruallem qui l'engagea à écrire à sa mère et à lui assurer qu'il ne sera jamais lieutenant-général à Neufchâtel, et qu'entre les deux partis qu'elle lui a laissés, les requestes et la chambre des comptes, il se décide pour les requestes. Il obtient enfin son consentement et se met en campagne.

La première formalité à remplir avant de songer à traiter d'une charge était d'obtenir l'agrément de la Compagnie au sein de laquelle on devait prendre place, et pour y parvenir, le candidat préparait un mémoire de sa naissance, à cause des relations possibles de parenté au degré prohibé avec des membres de la cour, et de sa fortune, et priait le premier président de le soumettre au parlement.

C'est ce que fit M. Gressent, et il se fit assister de

14

l'abbé de Ruallem, dans la visite qu'il fit dans ce but au
premier président de Miromesnil. Il fit pareille visite au
procureur général de Belbeuf, et tous deux lui répon-
dirent par une lettre qui nous parait assez caractéristique
des mœurs du temps pour mériter d'être ici reproduite :

Rouen, le 5 juillet 1769.

« Je viens de recevoir, monsieur, la réponse de M. le
Président de Bailleul (1), à la lettre que je lui avais écrite
pour le prier de vous proposer à MM. de la première
Chambre des Enquêtes. Il me marque que vous y avez
été agréé, je vous en fais part avec d'autant plus de satisfaction que je vous verrai avec un vrai plaisir entrer
dans ma compagnie.

« J'ai l'honneur d'être avec un sincère attachement,
monsieur, votre très humble et très obéissant serviteur.

« MIROMESNIL. »

Le procureur général avait à étudier la question de
parenté. Il y répondit ainsi :

« J'ay l'honneur, monsieur, de vous envoyer le cer-
tificat de non parenté que vous m'avez demandé, je verrai
avec trop de plaisir l'instant de votre réception pour
différer d'un seul moment ce qui peut contribuer à vous
faire recevoir avant la fin du palais.

« J'ay l'honneur d'être avec un sincère attachement,
Monsieur, votre très humble et très obéissant serviteur.

« BELBEUF. »

(1) C'était alors Charles-Pierre de Bailleul, reçu président à
mortier, en 1742.

On remarque par ces lettres que M. Gressent s'était fait présenter pour les enquêtes ; il avait été pressé de le faire par M. Herambourg, qui, à raison de la mort du président d'Estauville et du peu d'harmonie qui régnait dans la chambre des requêtes, lui en avait donné le conseil.

Mais il se fit scrupule de le suivre, à cause du désir de sa mère, et traita par 4,500 livres de la charge de conseiller aux requêtes de M. de Bolcomte (1) ; il lui en coûta 9,000 livres de provisions et de réception. Sa mère lui donna une rente de 325 livres et deux années d'arrérages sur le président de l'élection de Neufchâtel, sa robe rouge et les livres de son père.

Le jeune conseiller devait profiter peu de temps des avantages de sa charge, et même en être suspendu avant d'avoir joui de voix délibérative, qui ne s'acquérait qu'à 25 ans : « Je n'avois pas eu voix, écrit-il, lorsque je fus exilé en 1771. »

On sait combien furent âpres et multipliées, à partir de la seconde moitié du xviiie siècle, les luttes des parlements et du pouvoir central, et combien le parlement de Rouen s'y trouva étroitement mêlé.

En 1760, il protestait contre l'exil de trente magistrats du parlement de Besançon ; en 1765, il prenait parti pour le parlement de Bretagne, dans ses difficultés contre le duc d'Aiguillon.

En novembre 1763, il démissionnait en masse plutôt

(1) Sans doute, Alexandre-Charles du Resnel, seigneur de Bosc-le-Comte, reçu en 1741. L'armorial du parlement lui donne pour armes : de gueules au chevron d'or accompagné de trois croissans du même.

que de consentir à l'enregistrement pur et simple de l'Edit du 31 mai 1763 sur l'établissement du cadastre, et ne reprenait ses fonctions que le 14 mars 1764.

Il n'enregistrait que le 27 août 1770, après de nombreuses jussions et protestations contre un enregistrement d'office opéré violemment par le duc d'Harcourt, l'édit fiscal d'avril 1768.

Enfin, lors de la démission du parlement de Paris en 1770, en réponse à l'édit du mois de décembre sur les parlements, démission bientôt suivie du démembrement du ressort, au profit de six Conseils supérieurs créés dans les villes d'Arras, Blois, Châlons, Clermont-Ferrand, Poitiers et Lyon, le parlement de Rouen se montrait un des plus énergiques dans sa résistance aux volontés du roi, se signalait par un arrêt du 5 février, envoyé aux princes et pairs du royaume, et publiait, aux dates des 5 et 6 février, des *Lettres au Roi* d'une argumentation si pressante, que les contemporains les qualifiaient de « chef-d'œuvre immortel ».

Il s'enhardissait bientôt jusqu'à proclamer, par arrêt, la nullité de la suppression du parlement de Paris.

La Cour essayait en vain de gagner son premier président, Miromesnil, en lui offrant de le placer à la tête du parlement Maupeou, au lieu de Berthier de Sauvigny, déjà dégoûté de ses fonctions ; dès avant l'ouverture de la Chambre des vacations au 9 septembre, la suppression successive des parlements de Besançon (5 août), Douai (13 août), Toulouse (31 août) et Bordeaux (4 septembre), ne lui permettaient plus de se faire illusion sur le sort qui l'attendait ; il allait être frappé à son tour, et Gres-

sent n'avait pas encore quitté Rouen que, le 16 septembre,
un officier de la maréchaussée lui remettait la première
lettre de cachet, avant-coureur de la manifestation
des volontés royales. Elle était ainsi conçue :

« Mons. de Gressent, je vous fais cette lettre pour
vous ordonner sous peine de désobéissance, de vous
rendre à Rouen, le 26 de ce mois, pour y recevoir mes
ordres. Ecrit à Versailles le 11 sept. 1771. (Signé) Louis
(et plus bas), Bertin. »

Dès le 25, quatre-vingt-quatorze magistrats étaient
réunis chez le premier président et préparaient leurs
protestations.

C'était prudence, s'ils ne voulaient pas être prévenus
par les défenses ministérielles, car dans la nuit du 26 au
27, chacun d'eux, et Gressent comme les autres, étaient
réveillés pour recevoir une nouvelle lettre de cachet. La
sienne lui était remise à deux heures du matin par un
officier au régiment de Navarre, M. de Feriet. En voici
les termes :

« Mons. de Gressent. Je vous fais cette lettre pour
vous ordonner de vous rendre le 27 de ce mois au palais
à neuf heures du matin pour y recevoir mes ordres, vous
deffendant sous peine de désobéissance de prendre aucune
délibération, ny de former aucun vœu avant que mes
ordres vous soient connus. Ecrit à Versailles, le 15 septembre 1771. (Signé) Louis (et plus bas) Bertin. »

A neuf heures, il trouvait au palais tous ses collègues
assemblés en vertu des mêmes convocations, et une réunion générale de la Cour avait lieu, où le duc d'Harcourt,
gouverneur de la province de Normandie, et M. Thi-

18

roux de Crosne, intendant de Rouen, faisaient remettre, à chacun d'eux pendant la séance, une troisième lettre :

« Mons. de Gressent, je vous fais cette lettre pour vous ordonner de ne pas désemparer de l'assemblée des chambres jusques à ce que les commissions que j'ay données à mon cousin le duc d'Harcourt, pair de France, chevalier de mes ordres et lieutenant général de ma province de Normandie, et au sr de Crosne, Me des Requêtes ordinaires de mon hôtel, intendant et commissaire départy pour l'exécution de mes ordres, soient entièrement exécutés et qu'ils vous aient fait connaistre mes ordres ultérieurs, vous deffendant toutes délibérations, protestations ou arrêtés contraires, même toute interruption et ce, nonobstant toutes délibérations verbales ou écrites que vous auriez prises irrégulièrement auparavant ladite séance, le tout à peine de désobéissance. Ecrit à Versailles le 15 septembre 1771. (Signé) Louis (et plus bas), Bertin. »

M. Floquet a raconté, avec ce style animé qui le caractérise, ce que fut cette séance d'enregistrement de l'édit de suppression du parlement, et de création à Bayeux d'un conseil supérieur de la Basse-Normandie. Rouen et la Haute-Normandie étaient, au contraire, placés sous ce ressort immédiat du parlement Maupeou ; nous dirons bientôt dans quelle intention.

A la fin de la séance, sous la même forme, chaque conseiller recevait un pli cacheté contenant un ordre d'exil. Il manque à la collection de M. de Gressent.

Avant de partir, une réunion de toute la compagnie eut lieu chez le premier président, qui ne laissa partir aucun de ses collègues sans l'avoir chaleureusement embrassé.

Gressent n'en parle pas. On lui avait laissé le droit de choisir sa résidence, mais il devait être éloigné de deux lieues de la ville. Il choisit une propriété appelée Dieu-Grâces, située à Baillolet, à deux lieues de Neufchâtel, et appartenant à M. Bezuel, son cousin.

C'était, dit-il, « une jolie maison au milieu d'un herbage, sans vue, dans une vallée, sans voisins aimables ou riches. »

Les maîtres de maison, fort aimables, et sa mère vinrent l'y voir souvent ; mais il ne tarda pas à la prendre en horreur : aussi, dès le 25 octobre, adressait-il une supplique au ministre Bertin, pour le supplier d'obtenir du roi son changement ; les motifs en étaient pressants : « Exilé à Baillolet, dans une terre empruntée, dans un endroit malsain par ses marais dont j'ai déjà ressenti les effets, exposé à être assassiné dans les bois, refuge de coquins, d'autant plus que mes affaires m'obligent d'aller à Neufchâtel..., persuadé que S. M. voudra bien m'accorder la grâce d'aller auprès d'une mère, seule ressource qui me reste, vous voudrez bien estre mon intercesseur auprès du roy, c'est une grace que je vous devray et mon cœur vous en a déjà voué toute sa reconnaissance. »

Pour assurer le succès de sa démarche, il donnait du Monseigneur au ministre, « parce que je crus, dit-il, que cela me seroit favorable, car je sais que je me faisois tort. »

Le 6 décembre, l'autorisation était signée par le roi et

le 13, M. de Crosne la lui faisait parvenir : mais il prenait soin de lui faire savoir que son avis lui avait été demandé, et qu'il l'avait donné favorable.

Aussi, M. de Gressent ne put-il, en lui accusant réception, que lui en exprimer toute sa reconnaissance.

Gressent, qui reconnaît qu'aux yeux de ses collègues « il se faisait tort » en donnant du Monseigneur au ministre Bertin, eût été jugé encore plus sévèrement, s'ils eussent pu supposer qu'il eût avec l'intendant Thiroux de Crosne une correspondance aussi remplie de gracieuses politesses : car au même moment se préparait l'installation du Conseil supérieur de Rouen dont M. de Crosne allait être le premier président.

Ce délai entre la suppression du parlement et l'installation du Conseil supérieur était une habileté. On avait espéré qu'en privant momentanément Rouen de toute juridiction souveraine, et en rattachant incommodément la haute Normandie au parlement Maupeou siégeant à Paris, on rendrait désirable l'installation à Rouen d'une juridiction supérieure, quelle qu'elle fût. C'était sagement pensé, mais il eût fallu laisser les inconvénients éclater, les sollicitations se produire : trois mois n'étaient pas suffisants, et tandis que l'installation du Conseil supérieur de Bayeux était acclamée, parce qu'elle satisfaisait à un besoin réel, l'établissement prématuré du Conseil supérieur de Rouen lui fit, dès son installation, une situation impossible.

L'édit, donné au mois de décembre, avait été enregistré le 10 au parlement Maupeou.

Le 17, l'installation avait lieu dans le palais de justice de Rouen.

Je n'ai pas l'intention de raconter les incidents de cette installation, l'accueil fait à l'intendant Thiroux de Crosne, qui cumulait avec ses anciennes fonctions celle de premier président du nouveau Conseil, et surtout la désapprobation qui frappa les transfuges de l'ancien parlement : le conseiller de grand-chambre, Fiquet de Normanville, et le conseiller-clerc, l'abbé Perchel. M. Floquet s'en est acquitté avec trop de talent, pour que je sois tenté de recommencer son récit.

Je note seulement dans l'enregistrement de l'Édit par le Conseil supérieur, que la nouvelle juridiction prend le titre de *Cour*, et que son avocat-général, Perchel, est indiqué « comme faisant les fonctions de procureur général du Roi ». On lui reprochera plus tard d'avoir usurpé ce titre, en le prenant isolément.

L'arrêt d'enregistrement, dans les placards qui furent alors envoyés à toutes les juridictions du ressort, contient la liste alphabétique des sièges qui en dépendaient, et comme cette énumération fixe avec netteté les limites de ce qu'on appelait alors la Haute-Normandie, nous la donnerons ici. Voici comment elle est libellée :

« ÉTAT *des sièges qui ressortiront au Conseil supérieur de Rouen, établi par Édit du présent mois de décembre, conformément à l'article premier dudit Édit.*

Andely.	Bernay.
Arques.	Breteuil.
Beaumont-le-Roger.	Caux.

Caudebec.	Montivilliers.
Charleval.	Neufchâtel.
Conches.	Nonancourt.
Ezy.	Orbec.
Evreux.	Pacy.
Gisors.	Pont-de-l'Arche.
Gournay.	Pont-Audemer.
Honfleur.	Pont-l'Evêque.
La Ferté-en-Bray.	Rouen.
Le Havre.	Verneuil.
Lyons.	Vernon.

Fait et arresté au Conseil d'Etat du roi, S. M. y étant, tenu à Versailles le 6 décembre 1771. (Signé) Bertin. »

Le Conseil supérieur avait donc, on le voit, un ressort plus étendu (Pont-l'Evêque et Honfleur) que celui de la Cour d'appel de Rouen.

Il y a dans l'édit de création un passage assez curieux, comme trait de mœurs, où le roi explique les causes de son retard et signale comme un inconvénient la présence, dans une ville commerçante, d'un grand corps judiciaire.

Après avoir rappelé l'édit de septembre, il ajoute : « Nous sentions dès lors, et nous en sommes encore mieux convaincus depuis, que notre ville de Rouen avait besoin d'un tribunal qui épargnât à ses habitants des déplacements et des voyages toujours ruineux pour l'industrie, mais qui, moins nombreux que le parlement, *ne pût ouvrir une nouvelle carrière à l'ambition des familles commerçantes, ni altérer l'esprit qui doit les conduire par le mélange d'un esprit étranger.* »

Nous doutons que ces scrupules ministériels aient eu grand succès dans notre ville.

Gresseut ne donne aucuns détails relatifs à tous les démêlés qui se produisirent entre le Conseil supérieur, l'Hôtel-de-Ville, l'Élection : rien non plus sur le mouvement préparé par 271 gentilshommes de la noblesse normande, qui se traduisit par une *Requête au roi*, et dont un des membres correspondants de l'Académie, M. Joly, a raconté les incidents sous ce titre : *Une conspiration de la noblesse normande, essai de résistance légale au XVIIIe siècle* (1) ; rien sur les incidents de la tentative d'arrestation de Thomas du Fossé, sur sa fuite à l'étranger, et sur l'arrestation de sa fille, trouvée nantie de ballots de libelles poursuivis, et enfermée pour ce fait plus de trois mois à la Bastille ; cet incident a eu aussi son historien, et le secrétaire de l'Académie l'a trop agréablement raconté pour que j'y insiste à mon tour.

Il ne parle pas davantage de toutes les avanies dont le Conseil fut l'objet, n'essaie aucune allusion ni au rasoir ni à l'étrille dont on faisait les attributs héréditaires de Thiroux de Crosne et de Fiquet de Normanville (2), ne

(1) Caen. Legost-Clérisse, 1865, in-8º, br.

(2) J'ai eu l'occasion de pouvoir établir, d'une manière exacte, les origines de cette famille, et je crois intéressant de le consigner ici.

Elle tirait, en effet, son origine d'un maître de poste, établi à Tôtes avant 1694, Jean Fiquet ; il devait habiter l'hôtel de l'*Écu d'Orléans*, que ses descendants donnaient à bail en 1730, avec quelques terres, par le prix de 400 fr.

Il s'occupait également de gestion de biens. L'évêque de Mont-

24

cite même pas le *Coup d'œil purin* qui fit les délices de
nos ayeux ; ils se contentaient peut-être à bon compte.

Gressent jugeait-il ces manifestations excessives, ou
s'en désintéressait-il? Je l'ignore : une seule chose me
frappe, c'est que, si l'on doit apprécier une institution
d'après ses œuvres, notre Conseil supérieur eut au moins
un mérite que la postérité peut retenir ; il se distingua
par la solidité de ses décisions, et lorsque je lis dans le
Journal historique : « Le Conseil supérieur n'est pas
plus respecté qu'auparavant, mais on rend cependant

pellier lui avait donné sa procuration comme prieur commendataire
de Sainte-Foy de Longueville (en 1709), et M. de Bourbel Montpinçon
lui avait donné à bail la perception des droits seigneuriaux, dans
ses fiefs de Montpinçon, le Grandperray et les Guerrots, assis à
Hougleville-sur-Scie.

Son fils, appelé Jean Fiquet, comme lui, vint se fixer à Rouen ; il
habitait sur la paroisse Sainte-Croix-Saint-Ouen et exerça la charge
de greffier en chef du bureau des Finances. Sa fortune devait être
déjà considérable, car il acheta en 1723, à Robert Potier, sr de
Butot, par le prix de 240,000 livres, les etat et office de « conseiller
du roy, recepveur ancien et alternatif de l'eslection d'Arques, avec
les estat et office de recepveur ancien, alternatif et mitriennal des
octrois et deniers communs de la ville de Dieppe ». Il avait épousé
Marie Auzou.

En 1727, il devait avoir résigné sa charge de greffier du bureau
des Finances : tout au moins un Jean Fiquet, demeurant toujours
place Saint-Ouen, se qualifiait de conseiller, secrétaire du roi,
maison et couronne de France, et acquérait, grâce à sa nouvelle
fonction, la noblesse transmissible au premier degré.

Peut-être cependant s'agit-il de son fils ainé.

De ses deux fils, l'ainé, Jean Fiquet, ne parait avoir possédé aucune
charge. Il se qualifiait seigneur patron de Normanville, Saint-
Pierre-Lavys, Angerville, Ypreville; il épousa Marie-Thérèse Mar-
quet, et mourut en 1775, à l'âge de 82 ans. Il fut transporté à Nor-

justice à ses arrêts qui sont bons en général, ce qui pourra insensiblement leur amener plus de considération (1) », je retiens cet aveu d'un adversaire comme un hommage involontaire et je suis peu touché des grossièretés qu'on prodigua au Conseil.

Pendant ce temps, Gressent vivait dans sa famille.

On sait l'impression qu'il avait conservée de la société

manville ; le second, Pierre-Joseph Fiquet, s^r du Bocage, exerça l'office de receveur de l'élection d'Arques ; il acquit, et surtout sa femme, Marie-Anne Le Page, une juste réputation littéraire.

Jean Fiquet de Normanville eut quatre enfants : l'aîné, Jean-Louis Fiquet, seigneur de Normanville, conseiller au parlement en 1746, plus tard président au Conseil supérieur. Il se maria deux fois, la première, avec Catherine-Marguerite-Rosalie Le Jardinier ; la seconde, en 1765, avec Marie-Angélique Le Balleur de Froberville.

Le second fils, Jean-Romain, s^r d'Ausseville, acquit, en 1769, du P. P. de Miromesnil, tous les domaines que celui-ci venait d'hériter, en 1763, de la duchesse de la Force (Tôtes, Draqueville, Benouville, la Chapelle de Benouville). Le prix était de 330,000 livres. En 1772, il achetait la terre de Bonnetot, du marquis de Bacqueville, par 157,400.

Il avait épousé, en 1768, Marguerite-Jeanne Le Balleur de Froberville, sœur de sa belle-sœur.

Le troisième fils, Athanase-Hippolyte, se qualifiait s^r d'Ypreville.

Enfin, une fille, Thérèse-Amaranthe, née en 1733, avait épousé, en 1757, Léonor-Pompée Le Boullenger, seigneur des Rocques, conseiller au parlement.

M. de Normanville était donc, lorsqu'il fut nommé président du Conseil supérieur, assez loin de l'étrille de son arrière-grand-père si tant est que celui-ci l'ait jamais maniée ; il avait d'ailleurs vingt-cinq ans d'exercice de sa charge parlementaire. Il devait mourir, le 1er juin 1773, revêtu de ces nouvelles fonctions.

La famille Fiquet de Normanville habitait, place Saint-Ouen, l'hôtel aujourd'hui possédé par M. d'Été, notaire honoraire, qui lui a été vendu par la comtesse d'Humières, descendante de ce magistrat.

(1) Floquet, VI, 724.

de Neufchâtel, et l'on peut juger sans peine du plaisir qu'il goûta pendant cet exil qui devait se prolonger trois années. Il faut toutefois reconnaître qu'il fut, comme le reconnaît lui-même Gressent, de nature assez bénigne.

« ..... M. du Fossé, de Chailloué (1), l'abbé de Ruallem, Paviot de la Villette, ont été les seuls dont on ait changé les exils de chez eux en de plus éloignés, soit qu'on les regardât comme des esprits remuants, ou qu'ils se fussent donné en effet quelques mouvements pour cabaler. Les exils ont été fort doux, on venait à Rouen, ou on allait chez ses amis sans que personne y ait jamais trouvé à redire. »

Peut-être eût-ce été le moment d'égayer sa vie par un mariage : malheureusement il avait à cet égard des idées de célibataire endurci, qui paraissent ne s'être jamais modifiées, et après avoir raconté toutes les tentatives qui furent faites à son endroit et les partis qu'on lui proposa, il formule ainsi sa théorie :

« Il a été question plusieurs fois de mariage pour moi ; je n'y ai jamais pensé bien sérieusement que la teste ne m'en tournât. Je ne suis pas riche, je sens **ma** faiblesse pour me laisser mener, je ne crois pas que le plaisir et la volupté en soient, parce que cela est un devoir ; j'ai assez de quoi vivre pour mes besoins et satisfaire mes goûts, il faut savoir se borner... Il **y a** apparence que je ne ferai point abus de ce sacrement. J'es-

(1) Pierre-Louis Le Carpentier de Chailloué, reçu conseiller en 1768. Fils de Pierre, sr de la Hemardière, et de Marie-Anne-Marguerite Le Frere de Beauval, il devait epouser en mai 1775 Marie-Aglaé Guillebon de Montmirail.

time fort ceux qui s'y mettent et font de bons pères de famille. Il est à désirer que cela soit et que l'Etat favorise le mariage : mais surtout dans la robe, que faire de ses enfants, point de débouché pour les placer. Il faut beaucoup d'argent et encore n'ont-ils de place qu'après les enfants d'un petit officier, si petit qu'il soit. En tout j'ai trouvé que je pouvais estre mieux, mais que je pourrais estre plus mal. La vieillesse, y viendrai-je ! » Ces idées n'ont rien de particulièrement élevé, mais elles peignent l'homme et peut-être aussi l'époque.

Gressent a conservé quelques documents au point de vue de l'impôt de la capitation dont il était passible ; il en résultait que quoiqu'exilé et privé de sa charge, il n'en était pas moins porté au rôle comme par le passé : ses « gages » étaient de 225 l., son impôt de 170 l. ; mais avec cette différence que si l'impôt était soigneusement perçu tous les ans, le magistrat attendait encore en 1773 ses gages de l'année 1771.

Les trois années d'exil touchaient à leur terme ; la mort de Louis XV, au 10 mai 1774, allait marquer une évolution significative dans la politique royale ; Maupeou était exilé, Hue de Miromesnil était nommé garde des sceaux et ses provisions étaient vérifiées le 12 novembre dans un lit de justice où le Roi faisait enregistrer l'édit de rétablissement du parlement de Paris.

Nos exilés eurent d'abord quelque peine à y croire. Je laisse la parole à Gressent :

« Le rappel du parlement était une chose que beaucoup de gens ne pouvaient croire. En 1774, au mois d'octobre, j'étais chez le Président de Becthomas où je jouais la comédie avec beaucoup d'exilés tels que M. et Mme des Essarts (1), du Fayel (2), Charles (3) et autres. Vers le 15, nous vîmes des copies des lettres de rappel de ceux de Paris, et, le 25, M. du Fayel apporta la sienne.

« Ce jour, on jouait entr'autres : le *Retour imprévu,* et il y avait un superbe feu d'artifice et on tira beaucoup de boestes. Ce qui fut vu et entendu de Roucherolles, château où avait été relégué le chancelier, après sa disgrâce. Je partis dès le lendemain pour Neufchâtel où je trouvai ma mère saisie d'une lettre de cachet pour moy et d'une du duc d'Harcourt et je revins à Rouen au jour indiqué par les ordres. »

Bientôt, en effet, le rappel des parlements fut chose faite.

Et le 12 novembre, l'Edit de rétablissement présenté par le duc d'Harcourt et M. Le Pelletier de Beaupré, conseiller d'Etat, fut enregistré par le parlement réuni, le tout motivé par des raisons décisives et tellement honorables que l'on pouvait se demander comment, trois années auparavant, on en avait eu de non moins concluantes pour le supprimer.

Le conseiller d'Etat, délégué par le roi, fit un discours où se trouvaient les passages suivants :

« ... Dépositaires de l'autorité royale pour le main-

----

(1) Amable-Joseph Le Danois des Essarts, reçu conseiller en 1751; il avait épousé, en août 1760, Marie-Louise-Isabelle Mauduit, dame de Tourville-la-Rivière, et Bedasne.

(2) Nicolas-Henry Henriquez du Fayel, reçu conseiller en 1768.

(3) Substitut au parlement.

tien des lois, vous en avez été dans tous les temps *les fidèles interprètes et les* PLUS ZÉLÉS OBSERVATEURS.

« Le choix que S. M. a fait de l'illustre magistrat qui présidoit vos travaux a mis le comble à vos vœux. Honoré de la confiance de son roi et rapproché plus particulièrement du trône, il sera dans toutes les occasions plus à portée de faire valoir votre zèle et votre fidélité dont il a été pendant près de quatorze ans l'émule et le témoin.

« Il est flatteur pour nous de nous trouver en ce jour l'organe des sentiments d'un prince si digne de l'amour et du respect de la France, et de pouvoir, Messieurs, joindre notre voix aux acclamations publiques qui accompagnent votre rétablissement. »

Cependant, même au milieu des effusions qui semblaient accompagner sans réserve l'enregistrement de l'Édit, le parlement ne désarmait pas ; et bien qu'il déclarât enregistrer « d'un vœu unanime » une ordonnance du roi destinée à réglementer le service intérieur du parlement et à mettre aux assemblées générales de la Compagnie une limitation résultant notamment de l'assentiment de la grand'chambre et du consentement préalable d'un de ses présidents à en poser la question, une réserve mentale était inscrite dans l'esprit de tous les membres de la Cour, et Gressent le consignait en marge de l'arrêt d'enregistrement : « Il n'est pas vrai que ce fut du *vœu unanime*, car il était défendu par lettre de cachet de délibérer. On ne demanda pas les voix, et, quoiqu'il n'y ait pas eu de protestation à cause des circonstances, il a été cependant convenu qu'on n'y

auroit jamais égard, mais cela verbalement. On craignit
d'en faire un arresté sur les registres, car le moins qu'il
en seroit arrivé seroit la cassation. »

Il ajoute encore, à propos de la forme des réunions
générales de chambre, que l'ordonnance astreignait à la
délibération préalable des conseillers de grand' chambre,
considérés sans doute comme d'un sens plus rassis :

« Au mois de mars 1776, les chambres d'enquestes,
après avoir conféré entre elles et les autres doyens,
envoyèrent deux députés à M. le premier Président,
pour avoir l'assemblée des chambres. Comme cette assemblée le regardoit, il donna par écrit sa réponse qui
étoit qu'il ne donneroit pas d'assemblée, mais qu'il con-
voqueroit lorsqu'on voudroit la grande chambre pour la
donner. La grande chambre la refusa, aux désirs du
premier président. Plusieurs jours après, on vint à une
assemblée de chambre pour une affaire concernant le
partage de succession de Madame d'Imbleville et le
doyen d'enquestes fit une réclamation, demanda comment on pouvoit avoir une assemblée des chambres
lorsque le premier président ne vouloit point la donner,
il fut arresté verbalement qu'on s'en tiendroit aux anciens usages qui estoient que, lorsque le premier président ne voudroit pas assembler les Chambres, on les
demanderoit au président qui le suit ; s'il y a refus encore
on iroit jusqu'au conseiller qui voudroit bien présider,
en suivant l'ordre du tableau.

« Ainsi, il faut regarder cette loi comme non avenue,
car la grande chambre a été la première à dire qu'elle
ne vouloit point de ce droit, qu'elle y renonçoit ; de fait

les autres parlemens et la Cour des Aides de Paris n'en font aucun cas, sinon jusqu'à ce jour qu'on escrit à M. le Garde des sceaux si on veut sortir ou du royaume ou hors de son district (1), surtout pour nous pour aller à Paris. »

Dans cette audience solennelle, la Cour était présidée par le président de Rouville, doyen des présidents, vu l'absence du premier président. M. de Montholon ne fut, en effet, nommé que quelques semaines plus tard.

J'ai sous les yeux le texte imprimé du discours qu'il adressa, à l'issue de la messe du Saint-Esprit, à Mgr de Belbeuf, évêque d'Avranches, et frère du procureur général, ainsi que la réponse de l'évêque.

Il y avait là prétexte à félicitations réciproques ; elles ne sortent pas des banalités ordinaires. Le président lui parle des « liens qui l'attachent à un magistrat qui nous est cher et qui remplit avec distinction les fonctions importantes du ministère public, » et le prélat salue en lui « le magistrat le plus religieux, le magistrat le plus vénérable à tous les titres (2) ».

Le 17 novembre, nouvelle cérémonie à la cathédrale : messe solennelle pour le roi. Chaque magistrat avait reçu une lettre d'invitation imprimée ; les exemplaires en devant être assez rares, nous en reproduisons le texte à titre de document (3), mais le Chapitre, en

(1) Art. 29 de l'Ordonnance.

(2) Gilles Louis Halle, seigneur de Rouville, était président à mortier depuis 1740.

(3)   M.

Vous êtes prié de la part de MM. les doyen, chanoines et chapitre de l'Eglise de Rouen, d'assister à la messe solennelle qui sera célé-

faisant près du corps du parlement une démarche personnelle d'invitation, avait, paraît-il, ajouté qu'il ferait des remerciments à Dieu de lui avoir rendu les vrais magistrats, ce qui n'était pas indiqué dans les lettres de convocation. Je ne sais si le parlement s'attendait à une démonstration spéciale, mais notre conseiller paraît en avoir éprouvé quelque déconvenue, car il note : « ce qui n'a pas été tenu » ; puis il continue, à titre de consolation sans doute : « Cependant, M. l'abbé Perchel a reçu toutes les mortifications de son corps ecclésiastique, qui peut annoncer le peu de cas qu'ils faisoient de luy et le parlement lui étoit cher. »

Les juridictions de second ordre profitèrent de la circonstance pour manifester leur enthousiasme. Je trouve dans mon recueil le « discours prononcé par M. Jean Mauduit de Salière, avocat au parlement, à l'audience du bailliage de Vire, tenue le 16 décembre 1774 ».

C'est du lyrisme pur, à tel point que cela se termine par un octain qui en résume l'enthousiasme, jusqu'à paraître s'affranchir de toute mesure :

> Vivent et vivent donc à jamais
> Les Princes, la Reine et le Roi.
> Vivent et vivent à jamais
> Les Maurepas et les Nivernois.
> Vivent et vivent à jamais
> Les Miromesnil, les Turgot et les lois.
> Vivent et vivent à jamais
> Les parlements, les pères du peuple et les
>   amis des rois.

brée le 17 de novembre 1774 à dix heures, dans la dite église, pour demander à Dieu la conservation des jours précieux de notre AUGUSTE MONARQUE et la prospérité de son règne.

Chaque conseiller en reçut un exemplaire sous enveloppe, et Gressent l'annotait en écrivant : « Il a l'air d'une tête un peu enthousiaste et dont on ne fit pas mention dans le temps, car il y en avoit tant que je n'ai eu qu'une partie de touttes ces chozes qui ont paru. »

Gressent recueillit cependant un autre document encore plus local : « Les discours prononcés au bailliage de Cany, lors de l'enregistrement de l'édit portant rétablissement des officiers du parlement de Normandie (1). »

Le bailliage royal de Cany avait alors pour lieutenant général M. Bradechal, pour assesseur M. Heuzé ; et ce fut en leur présence qu'avec autant de solennité qu'en une cour de parlement « les gens du roi » se levèrent, et, par l'organe de M. Jean-Baptiste Michel Cherfils, procureur de S. M., portant la parole, « prononcèrent un magnifique discours à l'éloge du roi et du parlement pour requérir l'enregistrement de l'édit ; le lieutenant général, avant de prononcer l'arrêt d'enregistrement, en fit un à son tour, et arrêta qu'il serait écrit à la cour une lettre de félicitations qui lui témoignera en même temps les sentimens d'attachement, de respect et de soumission dont ce siège n'a jamais cessé d'être pénétré pour elle, de laquelle lettre il sera fait registre. »

Le texte de la lettre est dans l'imprimé qui constate que le 28 novembre, « les officiers du bailliage furent honorés d'une réponse de la cour ».

L'édit fut d'ailleurs immédiatement publié au son du tambour, dans les places, rues et carrefours de Cany.

(1) In-4°, 40 p., s. l. n. d.

34

J'énumère maintenant les documents contemporains réunis par Gressent.

« Vers à Monseigneur de Miromesnil, garde des sceaux de France, sur la rentrée du parlement de Rouen. »

L'auteur était un sieur Bourdonné, commis des aides. Vingt-quatre vers, pas davantage, où *incomparable* rime avec *inébranlable*, *restaurateur* avec *cœur*.

> Nous les voyons ces jours où remplis d'allégresse
> Nous nous empressons tous à répéter ton nom,
> Où chacun égayé par une douce ivresse
> De lampions sans nombre éclaire sa maison...

Il y en a bien d'autres :

LE RETOUR D'ASTRÉE

ou

LE TRIOMPHE DE THÉMIS

Pièce allégorique

faite pour être chantée au son des instruments, à la fête solennelle qu'a donnée le parlement à M. le duc d'Harcourt (1).

Elle était de l'abbé D***, lisez Ducastel : elle se chantait sur l'*air du Maréchal*, et le poëte, pour éviter qu'on se méprît sur le sens de ses allégories, avait eu grand soin d'en donner l'explication en marge de chaque couplet.

Il y avait un mot pour les dames, pour Mme de Lillebonne, d'abord, belle-fille du duc d'Harcourt, et en particulier pour Mlle du Fossé, qui avait eu les honneurs de la Bastille en 1772. Le poëte la traitait d'amazone,

(1) In-4º, M. Besongne, 4 p.

c'était du dernier galant. Du reste, Gresset se faisait peu d'illusion sur le poète du parlement. « Ce poète, dit-il, avait la plus grande facilité pour faire de médiocre. »

Nous n'y contredirons pas.

On eut encore :

L'HOMMAGE

DE LA RECONNAISSANCE

A MONSIEUR

LE DUC D'HARCOURT

sur l'air : *Le plaisir à tous également ;* celui-là était dû à un magistrat, M. Mutel de Boucheville, conseiller-auditeur à la cour des Comptes, puis *la Chanson d'un soldat* sur l'air de *la Bataille d'Ivri aux Italiens,* puis une *Ronde de table*, par M°***, de la cour des Comptes.

Le clergé régulier lui-même s'en mêla et le prieur des Bénédictins de Saint-Georges fit imprimer une pièce en « vers libres sur le rétablissement des parlemens, présentés à M. le marquis de Belbœuf, procureur général au parlement de Normandie, » le 12 novembre 1774 (Machuel, 8 p. in-4°).

Ces vers libres, qui visent à être la paraphrase de textes sacrés, sont d'une médiocrité désespérante.

Je trouve encore les paroles d'un

MOTET

composé par M. l'abbé Riquez, maître de musique de l'église métropolitaine, à l'occasion de la rentrée solennelle du parlement de Rouen, qui a été chanté dans la grande salle du palais par MM. les Musiciens de la Cathédrale, le lundi 14 novembre 1774.

A ajouter également :

O D E

A MONSEIGNEUR

LE DUC D'HARCOURT

Gouverneur de Normandie,
sur la rentrée du parlement de Rouen,

avec un beau cartouche représentant les armes du gouverneur ; celui-ci mérite une mention particulière, il est d'un soldat poète, le s^r Larochette, soldat au régiment de Penthièvre, infanterie.

L'Ode était suivie d'un envoi qui dut bien valoir à l'auteur les galons de sous-officier.

> Héros qui présidez à ce peuple de sages
> J'ose vous présenter le fruit de mes loisirs,
> Vous faites naître nos plaisirs
> Et vous rassemblez nos hommages.

Nos aïeux avaient véritablement la bosse de la poésie, jointe à une modestie excessive, car c'est sous le voile de l'anonyme que se cache l'auteur d'une pièce de 56 vers alexandrins.

A NOSSEIGNEURS

DE PARLEMENT

Que terminent ces vers de mirliton :

> Élevons notre voix et chantons constamment :
> Vivent BOURBON, D'HARCOURT et notre PARLEMENT.

De même l'auteur du *Triomphe de Thémis*, ode

illustrée par un petit bois et une lettre gravée aux armes du chancelier.

Les mêmes armes décorent une plaquette encadrée de filets qui nous a conservé une pièce de

VERS

EN IMPROMPTU

Sur l'estampe représentant M. DE MIROMESNIL, garde des sceaux, avec une flèche passée en sautoir sur un miroir entre deux palmes : en haut du portrait gravé par LE BEAU, le génie de la peinture au bas et exposé en vente sur le quai de Rouen.

Cette pièce, due à un « normand citoyen », est datée de novembre 1774, et fixe en note des dates que nous recueillons.

Nota. — Le 7 novembre, le Conseil supérieur quitta ses séances.

Le 12 novembre, il fut supprimé, et, le même jour, le parlement rétabli *à toujours* par édit de Louis XVI, article premier.

La chambre des Comptes est également rétablie.

Et puis encore des vers :

Mars, les Grâces et Thémis, ode aux armes du duc d'Harcourt, mise en musique par M. Itasse, paroles de M. D. B.

Les Grâces, c'est bien entendu la comtesse de Lillebonne (1), véritable reine de la fête donnée par le par-

(1) Françoise-Catherine d'Aubusson la Feuillade, mariée en 1752, à François-Henri d'Harcourt, comte de Lillebonne, né en 1726, lieutenant-général des armées du roi, en 1762, et au gouvernement de Normandie, en 1764, fils aîné du duc d'Harcourt, gouverneur de Normandie.

lement, et dont un autre poète, déjà cité par nous (1),
avait aussi vanté « la blancheur et l'éclat du teint ».

Citons enfin : l'*Ode sur le rappel du parlement*,
par l'abbé D., avec envoi au président de Rouville.

LES REVENANS,

Vaudeville composé par un revenant,

sur l'air : *Chantons, Chantons.*

Je clorai ce que j'avais à retenir sur cet incident
émouvant de notre histoire locale d'il y a plus d'un
siècle, en laissant la parole à Gressent, qui y joua le rôle
d'acteur et de témoin.

« On peut dire combien tous les ordres de la ville et
de la province marquèrent de joie à la rentrée de ses
magistrats et à l'expulsion des intrus. Tous les bail
liages et avocats des bailliages, en grande partie les
corps de métiers des différentes villes, écrivirent ou
envoièrent des députés. Il y eut dans presque toutes les
villes des illuminations et des distributions de pain aux
pauvres, des messes solennelles, des fondations à per-
pétuité. Le parlement fut plus d'un mois à donner audience aux députés. Il donna à manger au duc d'Harcourt et à sa famille. Il y pria les principaux de la
noblesse, du clergé, de la ville, les fils ou filles de président et conseillers. Cependant on fit des malhonnêtetés.
M. de Mordrand, grand maître des Eaux et forêts,
vint prendre, après la messe rouge, sa place, mais on ne
l'invita pas parce qu'on dit qu'il n'était point de la com-

(1) *Le retour d'Astrée*, suprà p. 308.

pagnie, qu'on sçavoit qu'il était l'ami de Meaupou, que dans la suite les grands maîtres voudraient peut-être avoir place au parlement dans autres affaires qui ne seraient point de réformation, et quoiqu'il eut machiné pour s'y faire admettre, on ne voulut point l'y recevoir.

« Le repas fut le plus beau qu'on ait jamais vu ; il y avait plus de 160 personnes dans la grande salle des procureurs ; elle était tapissée de deux rangs de tapisserie de haute lisse et d'arcs de trente pieds garnis de feuillage et d'une quantité prodigieuse de lampes de différentes couleurs. La grande chambre servoit aux fourneaux, la Tournelle formoist une autre table. La garnison des soldats formoit le service et seuls portoient les plats. Il en coûta à la compagnie 23,600 l. sans compter 7,000 l. de la députation et 1,200 l. aux pauvres de la ville, ce qui s'est pris sur le coffre de la compagnie, excepté 72 l. que chacun tira de sa poche pour commencer la somme des pauvres. Le doyen, M. d'Auzouville, rendit ses comptes, car il avoit encore de l'argent lors de la séparation de 1771. »

Il semble que Gressent ait eu momentanément l'intention de consigner ici ses impressions sur ce qu'il appelle « l'histoire de la révolution de la magistrature », mais « pour bien écrire cette histoire, il faudrait, dit-il, avoir pénétré dans les cabinets des ministres, depuis 1770 jusqu'à 1775, et des talents que je n'ai point. Mais au moins je dirai ce que j'ai vu dans le parlement sans rien déguiser, et si je ne puis faire connaître par leurs vertus

(1) Louis-Léonor Le Carpentier, sr d'Auzouville, conseiller depuis 1745.

40

le plus grand nombre de ceux qui le composent, par
leur trop grand nombre, on verra au moins que trois
ans entiers d'exil, de poursuites, de prisons, de pro-
messes de places, d'argent, n'ont fait succomber que
deux ; que dix seulement ont fait liquider et que plus
de 80 ont bien voulu se sacrifier pour le bien de la province (1) et le devoir de leur état. » Il a ajouté depuis :
« l'abbé de Maison (2), Chailloué, M. du Fossé, qui fut
forcé de fuir et sa fille mise à la Bastille. »

Il écrivait encore : « Je laisse à l'histoire à faire celle-
cy : je ne suis ni assez instruit, ni n'ai assez suivi cette
affaire, mais on verra les événements ci-joints. Puissent
mes enfants ou toutes personnes honnestes qui verront
cette révolution estimer les motifs qui nous ont conduits
et moi surtout qui n'avois que 24 ans et 2 ans de ser-
vices, lié à Paris avec MM. Meaupou et Terray de Ro-
sières, mais on ne mérite rien en faisant son devoir et
suivant des maximes renouvelées par un serment ou

(1) Gressent écrit ailleurs : « Nous sommes tous rentrés suivant
les lettres de cachet que nous receumes pour la Saint-Martin 1774,
excepte l'abbé Perchel et Fiquet de Normanville qui furent liquidés
sur le champ.

« Paviot de la Villette ne voulut pas revenir, parce qu'il avoit liquidé,
il craignit le mauvais accueil. Il mourut pendant nos trois années
d'exil, MM. Guedier, de Viarmes, de Criquebeuf, de Sainte-Geneviève
et d'Angerval.

« Il y eut huit ou dix qui firent liquider leurs offres sçavoir : le président du Moneel et son fils, de Captot, Limpiville, Neufvillette, la
Villette, de Ruallem, Marbeuf, le reste fut uni et fidéle à la protestation du 26 septembre ».

(2) Pierre-René Le Frère de Maisons, conseiller-clerc, reçu en 1748.

plutôt par foy de gentilhomme entre les mains de M. de Miromesnil le 26 septembre 1771. »

Je note ici que Gressent parle de ses enfants, ce qui donne à penser qu'il avait moins d'horreur pour le mariage ; je remarque encore que sa noblesse parlementaire l'avait tellement pénétré, après deux années d'exercice, qu'il jure naturellement sa foy de gentilhomme.

Gressent a pris soin de recueillir à la suite des pièces imprimées un grand nombre de chansons ou pièces de vers qu'il a transcrites dans son recueil.

Chanson sur l'air : *Eh mais oui-dà*.

Regrets de Mme de la Chainnaye Heude sur la perte du Conseil supérieur de Rouen ; celle-ci d'un goût plus que douteux où une femme était très vivement prise à partie.

Elle se terminait ainsi :

> Oui, tandis que Thiroux au fond d'une boutique
> Offrira son razoir à la barbe publique,
> Et qu'une étrille en main, Piquet sur son fumier
> De ses nobles ayeux poursuivra le métier,
> Je retourne à Bolbec, desormais villageoise ;
> Je reprends le toquet et les airs de Cauchoise ;
> Ainsi quittant la robe et la splendeur des lis
> Nous retournerons tous à nos premiers habits.

Perchel, procureur du roy du Conseil à Préfeln, conseiller son ami.

Là encore il était question de l'intimité de Mme de la Chesnaye avec les membres du Conseil supérieur et l'on faisait dire à Perchel :

> ... Tu sais qu'un déjeuner par mes soins préparé
> L'attendait chaque jour au cabinet doré ;
> C'est là qu'à la faveur d'un heureux teste à teste,
> Aux yeux de mes rivaux, je cachais ma conqueste.

Je croirais cette pièce de la même plume que la précédente ; il serait fastidieux de continuer cette énumération. Il y en a d'ailleurs pour tous les goûts et même les moins délicats, témoin la chanson sur l'air, *Je te casserai la gueule*, mélange de couplets en style purin, et de prose parlée, où tous les membres du Conseil supérieur sont successivement passés en revue.

Je ne veux signaler que les morceaux qui ont un caractère quasi-officiel, comme par exemple : *L'in-exitu du Conseil supérieur de Rouen*, sur l'air : *Réveillez-vous belle endormie*, fait pour un dîner qu'accepta l'Hôtel-de-Ville en renouvellement d'un bureau, M. Le Couteulx étant maire. Ce sont toujours les mêmes plaisanteries sur les magistrats révoqués, mais avec cette variante que chaque couplet s'y chantait sur un air différent.

Il y a encore : *la Saint-Martin, impromptu comique*, représentée à Rouen dans la cour du palais, le 9 septembre 1774.

On n'y allait pas de morte-main, et les noms étaient mis carrément sur les masques. Voici en effet quels sont les personnages :

THIROUX, premier président.	OURSEL.
FIQUET, 2e —	ROGER.
LANGLOIS, 3e —	LIVET.
l'abbé PERCHEL.	MONTROTY.
DESHAIES.	GLAÇON, valet
Mme DE CROSNE.	de l'abbé PERCHEL.

3 avocats deshonorés.

Ce sont bien entendu ceux qui avaient plaidé devant le conseil supérieur.

2 avocats honnestes.

Des clercs de procureur.

(La scène se passe au palais).

Nous n'en citerons que les paroles prêtées à Mme de Crosne, dans la sixième scène ; elles donnent une idée assez triste de la délicatesse des mœurs du temps, ou, si l'on veut, de la liberté d'allures de la basoche, qui donnait ces divertissements, avec la tolérance du parlement.

Mme de Crosne :

« Où allez-vous, messieurs, vous nous quittez bien vite. Comment moy qui vous ai bien nourris par charité trois ans, vous nous quittez sans boire un coup. Cela n'est pas bien, et ce qui me fâche le plus, c'est que vous avez été chez Mme la Chesnaye, car elle vous semble plus jolie que moi. Avouez, je ne m'en fâche pas, je le passe bien à mon petit amy, M. de Crosne. Cependant vous auriez dû ne pas me laisser aller sans avoir fait quelques choses à M. de Crosne, comme à M. d'Ausseville (1). Comment il n'y a donc que les très jolies femmes qui font des enfants ; songez que je suis dévote et que je dédommage bien dans le teste à teste du bavardage dont j'assomme en public. »

Ah, qu'en termes galants ces choses-là sont mises !

Il y a également la scène 8 qui représentait « la salle

(1) Jean-Romain Fiquet, s^r d'Ausseville, était le frère de M. de Normanville.

44

des procureurs tendue de noir : on entend un air lugubre,
les cloches de la paroisse Saint-Lô sonnent en mort.
Deux filles d'avocats *deshonorés* portent le cercueil du
feu conseil supérieur où sont les armes de Meaupou, les
masses en bas, » et le tout se terminait par la chasse
donnée aux avocats deshonorés, à grands coups de fouet,
aux cris de : « Allons dià hue, flon, flon, flon, la rira,
dondon, gué, gué, etc. »

Le récit de ces incidents ne serait pas complet si nous
n'y rattachions celui de la députation que le parlement
délégua vers le roi, pour lui exprimer ses sentiments de
gratitude.

La décision en avait été prise le 18 novembre, et trans-
mise au garde des sceaux, qui répondit par une lettre
que Gressent a reproduite en entier dans ses notes :

« Messieurs,

« L'honneur que j'ay aujourd'huy de vous marquer,
au nom du Roy, la satisfaction de S. M. est à mes yeux
une des plus agréables fonctions de la dignité qu'elle a
daigné me confier. Vous avez pleinement justifié le
compte que j'avois rendu au Roi de vostre zèle pour son
service, de vostre amour pour sa personne sacrée, de
vostre soumission à son authorité, et je n'ay jamais
senti de joie plus vive que celle que j'éprouvay hier en
lui apprenant le *vœu unanime* (nous avons vu quelle
était la vérité) par lequel vous avez reçu et consigné
dans vos registres les loix que la justice et la bonté de
S. M. ont dicté.

« Le Roy, touché de vos sentiments et de vostre

obéissance veut bien recevoir vostre députation, mais l'intention de S. M. est que cette députation soit seullement
composée de deux anciens présidents de son parlement,
de deux conseillers de grand'chambre, et d'un conseiller
de chacune des chambres des Enquêtes et Requêtes et
des gens du Roy. Je ne puis vous exprimer à quel point
je suis touché personnellement. Je n'oubliray jamais les
sentiments dont vous m'avez donné tant de preuves
lorsque j'étais avec vous. Je vous prie d'estre asseuré
que je conserveray toutte ma vie le plus tendre attachement pour une compagnie dans laquelle mes pères ont
eu l'honneur de servir et où j'ay puisé moi-même les
principes qui m'ont attiré la bienveillance de mon
maître.

« Je suis avec la plus parfaite considération, Messieurs, votre très affectionné serviteur.

« MIROMESNIL. »

Les magistrats, bien entendu, se gardèrent de démentir l'impression favorable que la cour avait conçue du
vœu unanime avec lequel l'enregistrement du 12 novembre était libellé, et l'on s'occupa immédiatement du
choix de la députation qui devait partir de Rouen
quelques jours après, c'est-à-dire le 25 novembre.

Les détails de cette députation sont consignés tout au
long dans une plaquette de sept pages, portant pour
titre : *Procès-verbal de ce qui s'est passé à la députation de Messieurs du parlement de Rouen arrêtée
le 18 novembre 1774* (1).

(1) Rouen, veuve Besongne, 1774, 7 p. in-4º.

Elle était composée de MM. de Rouville et de Bec-
tomas, présidents, d'Auzouville et de Bournainville.
conseillers de grand'chambre, de Dampierre et des
Essarts, conseillers aux Enquêtes, et de Beuville, conseiller aux Requêtes. Le parquet était représenté par
MM. de Grécourt et Le Bret, avocats généraux, et de
Belbeuf, procureur général.

Son passage à Pont-de-l'Arche et Vernon fut l'occasion d'une démonstration des officiers des bailliages et
des corps municipaux, qui firent tirer le canon, accom-
pagnèrent la députation jusque hors les portes et lui
adressèrent un compliment.

Partis à dix heures de chez le président de Rouville,
ils arrivèrent à Mantes à sept heures pour y coucher,
en repartirent le lendemain à neuf heures et arrivèrent
à Versailles à trois heures de l'après-midi.

Le soir même, à neuf heures, après leurs premières
visites officielles, ils soupaient chez le garde des sceaux,
qui leur avait à plusieurs reprises répété : « qu'ayant
été leur chef à titre de premier président du parlement,
il voulait qu'ils regardassent sa maison comme la leur. »

L'audience royale eut lieu le lendemain à six heures
du soir, et malgré la banalité forcée des compliments
officiels, il nous paraît intéressant de reproduire les paroles échangées entre le souverain et les députés de son
parlement de Normandie; n'ont-elles pas une sorte de
saveur spéciale, si nous les jugeons à la lumière des
événements qui se sont déroulés depuis? N'y sent-on pas
déjà l'inspiration de cette phraséologie révolutionnaire,
qui va bientôt emporter la France, dans ses appellations

de « peuple libre, » de « joug des impôts ; » elles se placent déjà sur les lèvres de l'organe du parlement ?

Voici quel fut le discours du président de Rouville au Roi :

« SIRE,

« Nous voyons renaître ces temps heureux que Rome vit autrefois, sous le règne d'un des douze Césars. Il fut surnommé les délices du peuple Romain et vous êtes les délices du peuple François.

« Déjà nous commençons à compter nos jours par vos bienfaits ; le poids des impôts, joug accablant pour un peuple né libre, est diminué ; vous nous faites, Sire, espérer encore de nouveaux soulagements ; vous redonnez à la magistrature sa Dignité et son Autorité en rétablissant vos cours de Parlement ; vous rendez à vos sujets, aux Princes de votre Sang et à vous-même, Sire, votre véritable cour : car telle est la prérogative honorable de vos parlements d'être seuls la Cour de nos Rois.

« Il était réservé au magistrat que vous avez approché de votre personne en lui conférant la Dignité éminente dont il est revêtu, de consommer et d'exécuter le vaste projet que vous méditiez depuis longtemps, mais qui était encore dans le secret impénétrable de votre Conseil. Ce serait affaiblir son éloge que d'ajouter à celui que vous en avez fait vous-même en le choisissant pour être l'interprète de vos volontés.

« Supprimons le regret que nous avons de ne plus le voir à la tête du Sénat dont il est l'âme et le chef ; notre intérêt personnel doit céder à celui de tout votre

royaume. Ce qui nous consolera de son absence, c'est
qu'en lui nous aurons près de vous, Sire, un garant de
notre fidélité à vous servir, de notre zèle à rendre la
justice à vos sujets, enfin de notre attachement, de
notre amour et de notre profond respect à la personne
sacrée de Votre Majesté. »

Le compliment à la Reine avait un tour plus galant,
et faisait appel à l'espoir d'une maternité, dont la France
devait, d'une façon lamentable, traiter plus tard le fruit
« désiré ».

« MADAME,

« Les deux plus puissantes maisons de l'Europe se
sont unies par des nœuds que les Grâces, la vertu et la
religion ont formées. Fasse le ciel que Votre Majesté,
en comblant les vœux de la France, nous accorde les
fruits désirés d'une union si respectable! »

La réponse du Souverain et de la Reine ne témoignait
pas d'une confiance excessive dans ces protestations de
respectueuse fidélité ; c'était prudence :

« J'ai vu avec satisfaction, dit le Roi, votre empresse-
ment à recevoir des Loix que ma justice et ma tendresse
pour mes sujets ont dictées. Je reçois avec plaisir les
témoignages de votre reconnaissance. N'oubliez jamais
que je veux que le bon ordre et la tranquillité règnent
dans mes parlements. Comptez sur mon affection, ma
confiance et ma protection. »

La Reine suivit la même inspiration :

« Vous venez d'éprouver les bontés du Roi ; marquez-
lui votre reconnaissance, en donnant l'exemple de la

soumission et de la fidélité et vous pouvez compter sur ma bienveillance. »

Je laisse de côté les paroles échangées entre le premier avocat-général, parlant au nom des Gens du Roi, et leurs majestés. La députation eut l'honneur d'être admise dans les appartements de la Reine et d'assister au Grand Couvert; ses membres furent donc conduits auprès de la Reine, et se rendirent au château à l'heure du souper où étaient le Roi et la Reine au milieu de la table, et, au retour des deux côtés, Monsieur frère du Roi, et Madame, Monsieur et Madame la comtesse d'Artois et Mesdames Adélaïde et Sophie. Ils occupèrent les places qui leur avaient été réservées, se retirèrent après le souper du Roi, et se rendirent à l'invitation que Miromesnil leur avait faite de souper chez lui.

Le lendemain, à leur visite d'adieu au comte de Maurepas, ils durent encore subir les félicitations du ministre pour « le vœu unanime », avec lequel ils avaient enregistré l'ordonnance portant règlement sur la magistrature, et en emportèrent la promesse de marques certaines de bonté et de protection particulière de la part du Roi. Après avoir reçu par écrit le texte des paroles que le Roi et la Reine leur avaient adressées et avoir accepté un nouveau souper chez le garde des sceaux qui les quittait « avec toutes les marques d'honnêteté et d'attachement à la Compagnie », ils revinrent le surlendemain coucher au château de Gaillon; l'archevêque de Rouen l'avait fait illuminer en leur honneur. Ils en partirent le mercredi à neuf heures pour être de retour à deux heures à Rouen, en l'hôtel du président de Rouville.

Tout n'était pas terminé cependant, et nos deux volumes conservent quelques traces des démêlés qui vinrent se dérouler devant le parlement.

Puis-je oublier l'affaire des deux Roger, père et fils, ces avocats « deshonorés », pour employer les termes de l'*impromptu de la Saint-Martin :* et dont tout le deshonneur consistait à avoir suivi avec quinze ou seize de leurs confrères les audiences du Conseil supérieur, au grand profit sans doute de leurs clients et au leur.

Cette attitude, qui tranchait avec l'abstention organisée comme protestation par la presque totalité de l'Ordre, avait été punie, à la rentrée du parlement, par l'omission de leurs noms sur les matricules du barreau; ils protestèrent, et ce fut au parlement même dont ils avaient déserté la cause, qu'ils durent en appeler, pour obtenir le rétablissement de leur inscription. J'ai sous les yeux le mémoire, en 42 pages in-4°, par M° *Pierre-Guillaume Roger, ancien syndic des avocats* au parlement de Rouen, et M° *André-Pierre Roger*, son fils, avocat au même parlement, appelants d'une délibération du collège des avocats du 9 décembre 1775. On y trouve d'intéressants détails sur la constitution intérieure du barreau, et la preuve évidente qu'à l'égard des réclamants leurs confrères avaient fait œuvre non de justice mais de parti; cependant ce fut seulement trois ans plus tard, par arrêt du 24 novembre 1778, que les deux membres du barreau virent leurs droits reconnus et consacrés.

A partir de cette époque, les documents conservés par le conseiller de Gressent offrent peu d'intérêt.

Je n'y trouve rien sur la démission en masse du parlement, sous la date du 4 septembre 1778, à la suite de l'enregistrement forcé de lettres-patentes annulant tous les arrêts rendus à propos des nouveaux vingtièmes et du projet de cadastre, dont le parlement se posa en adversaire acharné.

Démission singulière, acceptée par le Roi, et qui, d'un commun accord, fut suivie d'un fonctionnement régulier de la Cour, à titre provisionnel.

Mais Gressent a consacré quelques pages au séjour que fit le Roi en 1786 à Rouen, en revenant de Cherbourg ; ce sont là des documents d'histoire locale qu'il nous sera permis de reproduire textuellement.

« Le Roy partit le 21 juin de Versailles pour aller coucher à Rambouillet chez M. de Penthièvre. De là, le 22, il fut coucher à Harcourt chez le duc, gouverneur de la province. Le lendemain il fut à Cherbourg, où il resta les 23, 24 et 25, où il vit lancer trois cosnes. Le 26 il revint coucher à Caen. Le 27 il vint coucher au Havre, passant la mer à Honfleur. Le 28 il fut coucher à Gaillon, dîna à Rouen. Le 29 il partit pour se rendre à Versailles, où la Reine, grosse de son troisième enfant, était restée. Il était accompagné du prince de Poix, capitaine de ses gardes, du duc de Villequier, premier gentilhomme de sa chambre, du maréchal de Ségur, ministre de la guerre, du maréchal de Castries, ministre de la marine, et de quelques autres seigneurs. Le duc d'Harcourt a fait tous les frais de nourriture en Normandie, excepté Rouen et Gaillon, par honnesteté pour le cardinal de la Rochefoucauld, dont toute la famille

52

s'est toute rassemblée dans ces jours. Le Roy avait huit
voitures et son guet étoit de huit gardes du corps. Il eut
le plaisir de voir un simulacre de combat entre six fré-
gates anglaises et autant de françaises. Les anglais
avaient demandé à rendre leurs respects au Roy. Il y en
eut six officiers d'admis au nombre desquels étoit un fils
du roi d'Angleterre. Il devoit passer par la Mailleraie
dans le cas où la mer seroit difficile. Madame de Nagu
avoit fait préparer des bateaux et une collation. Il s'y
était rendu beaucoup de monde. Il y eut un mur de ter-
rasse qui croula sous le poids des curieux. Il y eut
quelques personnes de tuées et plusieurs de blessées. A
Rouen, la ville avait fait faire un arc de triomphe à la
barrière Triboudet composé d'une grande porte et de
deux petites avec un épigraphe. L'architecture en était
noble et de bon goût. A l'ouverture du pont était un
beau baldaquin et des trophées. Le Roy arriva à Rouen
vers les cinq heures un quart. Arrivé à la barrière Triboudet, M. du Veneur, maire, Le Vieux et Varin,
échevins, allèrent au-devant de S. M. lui présenter les
hommages de la ville et les clefs. Le Roy les ayant pris,
il monta le boulevard et entra par la porte Beauvoisine,
descendit au parvis, fit sa prière dans le chœur de la
cathédrale, passa par la petite porte de l'archevêché et
reçut de suite le parlement, qui lui fut nommé au nombre
de plus de cent personnes comptant les substituts et
notaires-secrétaires. Ensuite il reçut le Clergé qui eut
dû être receu avant, ensuite la Chambre des comptes et
tout ce qui fait corps, fut admis à l'audience, mais ce
fut après le dîner. Le parlement seul reçut une réponse

qu'il étoit content de son parlement et l'assurait de toute
sa protection. Sa table fut servie et son grand Couvert
de 28 où étoient tous seigneurs, et les deux colonels (1)
du régiment Maréchal-Turenne. Ensuite, S. M. sortit à
pied, précédée de valets de pied et accompagnée des seigneurs suivis de quelques gentilshommes de la province,
et fut voir le port et le pont. Les rues étaient tendues en
haute lisse et sablées. On avait raccommodé les grandes
routes. Les vaisseaux étaient sur deux lignes avec leurs
agrès et pavillons. Les cloches sonnèrent toutes et l'ar-
tillerie fit autant de bruit qu'elle put (ce n'est pas dire
beaucoup à Rouen). Le Roy avait un habit écarlate
brodé d'or et le chapeau en tête. Tous les autres seigneurs avaient des habits bleus d'officiers généraux. Il
était très satisfait; il a dit plusieurs choses honnestes à
nos dames, affable au peuple. Les bourgeois étaient sous
les armes et sur une file. Le Roy a jugé en faveur des
bourgeois contre le régiment à qui auroit la droite. Il a
laissé partout des traces de sa sensibilité et de sa bien-
faisance.

« Le parlement, du jour de l'arrivée du roy en Normandie jusqu'à l'instant où il n'y fut plus, fit mettre un
dès avec des rideaux dans l'audience de la grand'-
chambre. La chambre des Comptes en fit autant. Le Roy
repartit de Rouen vers les huit heures un quart. »

Ces détails ne contiennent sans doute pas tout ce que

(1) Les deux colonels de ce régiment devaient être, à cette date, le
comte de Lévis-Mirepoix, colonel, et M. de Fressinaux, lieutenant-
colonel.

la présence du roi offrit d'intéressant à noter. Il n'y est pas question de la Chambre de commerce de Normandie, et cependant c'est cette institution, qui, par le beau tableau de Lemonnier, encore au Palais des Consuls, a conservé de la façon la plus saisissante les traces du passage du roi.

Qu'importaient d'ailleurs ces démonstrations de respect trompeuses ! La lutte était engagée entre la Royauté et les parlements, et c'étaient eux qui constituaient l'obstacle le plus résistant aux réformes réclamées par le pays, et dont la Royauté avait le désir de rester l'inspiratrice.

Les édits fiscaux que nécessitait l'équilibre du budget de la monarchie étaient accueillis par des refus d'enregistrement ou des remontrances qu'il fallait briser à coups de lettres de jussion et de lits de justice.

Les parlements s'en vengeaient en faisant appel à la convocation des États généraux, dont, depuis près de deux siècles, la France avait oublié le fonctionnement.

La Cour répondait par des mesures de rigueur, contre lesquels les parlements s'insurgeaient à leur tour.

L'un des actes les plus caractéristiques de cette lutte fatale fut l'arrêt rendu le 5 mai 1788 par le parlement de Rouen, imprimé le jour même par Leboullenger, l'imprimeur de la cour, et envoyé par son ordre et par les soins du procureur général à tous les bailliages et sièges du ressort.

Dans cet arrêt, le parlement faisait taxativement le procès à tous les actes ministériels accomplis depuis près de six mois, et affirmait que « le but évident des gens mal intentionnés qui entourent le Trône est d'en écarter à jamais la vérité et de substituer à l'antique et précieuse constitution de la monarchie Française un pouvoir purement arbitraire ».

Il rappelait les privilèges de la province, dont le plus incontestable était « qu'on ne put y lever aucun impôt, sinon en cas d'utilité ou de nécessité urgente et convention des gens des trois Etats assemblés ».

Assez hésitant en ce qui concernait sa substitution à ce point de vue aux droits des Etats de la province, le parlement affirmait cependant « ne pouvoir et ne devoir en aucun temps déposer ce droit constitutionnel que pour le remettre à ceux-mêmes qui le lui ont confié (?) ».

Et après avoir rappelé les termes des ordonnances qui interdisaient la destitution des officiers de justice, sinon « par mort, résignation, ou forfaiture préalablement jugée », les principes du droit provincial normand, qui ne permettaient pas que son tribunal de justice souveraine subit « aucune altération légale que par l'avis et le consentement de ses Etats », la Cour ajoutait dans son arrêt :

« Que cependant les bruits qui se répandent de toutes parts et les ordres mystérieusement donnés au commandant et commissaire départi, semblent annoncer l'exécution très prochaine d'un plan quelconque, plus funeste encore aux droits de la nation que de la magistrature, et que tout fait craindre que les auteurs de ces projets sinistres n'emploient jusqu'aux moyens les plus despotiques pour, au moment de leur explosion, enchaîner la réclamation des vrais magistrats.

« Par toutes ces considérations, la dite Cour a arrêté qu'elle déclare d'avance nulle et illégale :

« 1° Toutes suppressions et destitutions arbitraires, soit entière, soit partielle, des officiers qui la composent ;

« 2° Toute atteinte portée, de quelque manière que ce soit, à son droit de vérifier la loi et à celui de consentir l'impôt, à moins que ce droit de consentir ne soit restitué aux gens des trois Etats de la province, ainsi que ladite Cour l'a très itérativement demandé ;

« 3° Toute division qu'on tenterait de faire d'icelle, ainsi que toute érection de tribunaux souverains dans la province pour les matières ordinaires, enfin et généralement toute transcription qui pourrait être faite sur ses registres sans avoir été précédée d'une délibération libre... »

A cette audacieuse provocation, la Cour répondit par un enregistrement d'office et la suspension des magistrats.

Le duc de Beuvron, porteur des ordres du Roi, arriva à Rouen le 6 mai sur les quatre heures. « Il n'a pas rempli, écrit Gressent, le cérémonial vis-à-vis des présidents. M. le premier Président lui remit la police et logea à l'archevêché, où le cardinal de Larochefoucauld était. Les chambres s'assemblèrent à sept heures et demie. » Le surplus se trouve tout au long raconté par M. Floquet dans son *Histoire du Parlement*.

Quant aux mesures prises dans la séance du 8 mai, elles sont reproduites dans un imprimé parlementaire de 20 pages in-4°, s. l. n. d., ayant pour titre : « Procès-verbal de la séance tenue au parlement de Rouen par M. le Duc de Beuvron, le 8 mai 1788. »

On y trouve d'abord la reproduction du procès-verbal officiel, dressé par le duc de Beuvron et l'intendant de Maussion, avec le concours du premier président et du procureur général, mais que ceux-ci ne signèrent qu'en faisant précéder leur signature des mots : « *Comme contraint par ordre et du très exprès commandement du Roy.* »

Il en résulte que le duc de Beuvron, porteur d'ordres cachetés, contenus dans neuf paquets numérotés, successivement ouverts, fit procéder à l'enregistrement de l'ordonnance du roi sur l'administration de la justice de celle portant suppression des tribunaux d'exception, d'une autre relative à l'ordonnance criminelle, d'un édit portant rétablissement de la cour plénière, d'un autre portant réduction d'offices du parlement, et d'un dernier enfin sur les vacances du parlement de Rouen, et qu'ensuite il fit distribuer à tous les membres des lettres de cachet et au concierge du palais « un ordre d'en fermer les portes et de n'y laisser personne jusqu'à nouvel ordre ».

Mais ce procès-verbal est suivi d'une rectification, sous le titre de : « Récit exact de ce qui s'est passé à la séance du 8 mai 1788, tenue par M. le Duc de Beuvron. » C'est une protestation en règle contre le refus du droit de délibérer librement, imposé au parlement ; les dernières lignes sont ainsi conçues :

« Pendant cette séance ni depuis, il n'a été fait aucun appel d'audience, en sorte qu'aucun des dits édits, ordonnance ou déclaration, n'a été publié en la cour ni en fait ni en droit. En se retirant, MM. ont trouvé les différentes avenues du palais et les portes des chambres d'icelui gardées par des soldats armés, ayant la bayonnette au bout de leurs fusils. »

Ces vacances du parlement laissaient à ses membres toute leur liberté. Leur situation ne fut modifiée qu'après la publication d'un arrêté occulte pris le 25 juin, dans une réunion à la première présidence, et qui, par l'audace de ses revendications, mérita que Linguet écrivit qu'il n'y avait pas d'exemple d'un pareil arrêté dans l'histoire.

Nous ne revenons pas ici sur des détails que l'on trouvera partout ailleurs. La suspension du parlement devait durer jusqu'au huit octobre, après le renvoi des deux ministres Loménie et Lamoignon. Nous trouvons dans les notes de Gressent quelques détails personnels sur les conditions dans lesquels cet exil fut subi ; à ce titre, ils ont un réel intérêt comme document personnel.

« Mon exil à Letteguives, à trois lieues N. E. de Rouen, fut chez MM. de Boscoursel et de Lestanville (1). Ces MM. ont depuis bien des années eu pour moi une amitié qui ne peut être balancée de mon côté que par beaucoup de reconnaissance et encore plus d'attachement, mais ce ne sera jamais un devoir pénible pour moi, c'est un plaisir que je partage avec eux, et M. de Sainte-Honorine (2), frère de M. de Boscoursel, digne magistrat,

(1) Louis-Félix Lucas, sr de Boscoursel, maître des Comptes, marié en 1746 à Marie-Madeleine Midy, veuve de M. de Trefforest, et Louis-Adrien Lucas, sr de Lestanville, conseiller au parlement, né en 1750, marié en 1781 à Jeanne-Remy Asselin des Parts.

(2) Louis-Emmanuel Lucas, sr de Sainte-Honorine, conseiller au parlement, marié en 1753 à Marie-Françoise-Hortense Bons.

ainsi que ses enfants, M. et Mme la Comtesse de Radepont (1), auxquels j'ai voué pour la vie le plus sincère
attachement.

« Quelques jours avant la dispersion du parlement,
M. de Boscoursel et ses enfants me demandèrent ce
que je deviendrais si le parlement venoit à pouvoir choisir son exil, ils sçavoient que je n'avois ni terre bâtie,
ny parents qui m'offrissent leurs maisons ; je leur dis
que je croirois estre sûr que je devois louer d'un conseiller et que j'attendois pour ce qu'il fut décidé ce que nous
deviendrions. Ils me dirent tous d'une manière à me
faire verser encore des larmes de plaisir lorsque j'y
pense : Est-ce que vous balancez à venir avec vos amis
au Boscoursel et mille choses les plus obligeantes soit du
père, soit du fils, soit de son adorable et respectable
épouse.

« Comment ne pas être sensible et pénétré de tant
d'amitié si franche, en me disant qu'ils seroient aussi
exilés et que nous nous consolerions ensemble. J'eus
beau alléguer que j'avois déjà été exilé trois ans et trois
mois, et qu'on n'allait pas chez ses amis pour leur estre
à charge autant de temps ; qu'il ne s'agissoit pas d'aller
passer un mois. Ils me dirent qu'ils estoient riches et
que je ne leur couterois pas une cotelette de plus, qu'ils
n'avoient pas d'enfants ; enfin, je ne pus résister à tant
de choses obligeantes, au désir que j'avois d'estre avec
eux, et j'y fus avec un domestique et un chien. Jamais

(1) Marie-Adrienne-Hortense Lucas de Sainte-Honorine, mariée
en 1774, à Charles-Guillaume-Léonor du Bosc, comte de Radepont,
capitaine de cavalerie.

jours n'ont esté plus heureux pour moi : amitié, liberté, voisinage; les papiers publics, et mes amis nous écrivoient tous les jours. Nous apprenions que les coquins de ministres Lamoignon et l'archevêque de Sens, de Brienne, devoient ne pas rester. Enfin, ce ne fut pas longtemps, puisque deux mois après, ils s'en furent et que nous fûmes rappelés un mois après leur départ. L'archevêque de Sens partit pour Rome et fut fait cardinal. Le chancelier fut dans ses terres et au bout de l'an du renvoi des parlements, c'est-à-dire au mois de may 1789, il se tira un coup de fusil dans la teste. Il avoit prémédité ce coup, en allant tirer dans son parc des oiseaux. En effet, il ne vouloit pas qu'on vint au coup de fusil. Je laissai à Rouen Mme Cauchoix, ma cuisinière, et mes deux domestiques m'ont montré dans cette occasion, comme dans tous les temps où j'ai eu des peines, beaucoup d'amitié et un vrai attachement. Aussi Brouard, qu'il y a vingt-et-un ans que j'ai, et Mme Cauchoix qui tant chez ma mère que chez moi y est depuis quinze ans, aujourd'hui que j'écris ceci le 12 avril 1790, ce qui fait le bonheur de ma maison. Je permis à Mme Cauchoix de prendre chez moy sa fille unique, ma filleule, pendant mon absence. C'est un enfant qui promet beaucoup, Dieu veuille nous conserver en santé et paix.

« Plusieurs amis m'écrivirent pour m'offrir leurs maisons pendant mon exil : Mme de Mortemer (1), M. de Sainte-Honorine sont des premiers.

« Comme M. de Lestanville estoit conseiller au parle-

(1) Peut-être Marie-Marguerite-Madeleine de Romé, qui avait épousé, en 1775, Jean-Baptiste-Charles-David Vaignon de Mortemer.

ment, il étoit difficile d'arranger comment nous serions ensemble, puisqu'on ne vouloit pas que deux fussent réunis. Je demandai donc Letteguives à l'officier qui m'apporta ma lettre, c'est la paroisse du château de Boscoursel. Mais M. de Lestanville qui estoit absent lors de l'arresté du 25 juin, fit ensuite un acte d'adhésion, ce qui fit qu'il eut une lettre de cachet pour Aumale. Le marquis d'Harcourt l'avoit encore en ses mains. Mme de Lestanville alla le 6 à Rouen trouver ce marquis et, avec quelques amis, on fit entendre que M. de Lestanville estoit d'une mauvaise santé, que M. son père avoit la goutte, et qu'il y avoit du danger à laisser M. de Boscoursel sans le secours de ses enfants. Enfin, ayant dit qu'on pouvoit choisir et qu'on lui dit le Boscoursel, il demanda quelle paroisse, et Mlle de Lestanville lui dit : Fresne-le-Plan, ce qui prouve son amitié et sa présence d'esprit, en effet, il y a des bâtiments du château sur la ferme ».

Nous avons voulu donner ce passage en entier ; ces paroles émues et expressives en souvenir de l'amitié qui lui a été témoignée, ces sentiments affectueux pour ses anciens domestiques sont un hors d'œuvre, peut-être, mais ne sont-elles pas des témoignages en faveur de l'homme et du temps et, à ce titre, ne méritent-elles pas d'être conservées ?

Les événements allaient se précipiter pendant la suspension du parlement ; les attaques, dirigées quinze années plus tôt contre le *Conseil supérieur*, avaient pris à partie le *Grand bailliage* et son président, le lieutenant général Boullenger. Gressent n'en a rien conservé, non plus que des manifestations qui accueillirent en octobre la rentrée du parlement.

Il paraît être resté assez indifférent aux difficultés qui se multiplièrent entre le procureur général de Belbeuf et le lieutenant général du bailliage, à propos de la *garde du bailliage*, et qui prirent une acrimonie nouvelle lors du refus de réception de du Lac de Monteau comme procureur du Roi, en remplacement de Vasse du Saussay.

Il fallut en venir devant la Cour ; le bailliage ne trouva pas d'avocat pour défendre sa cause. Le lieutenant général rédigea un *Précis pour les officiers du Bailliage de Rouen contre M. le Procureur général au parlement de Normandie*, rempli de détails très curieux sur les réceptions d'officiers (Louis Oursel, 1789, 12 p. in-4°), et fut obligé d'en développer lui-même les moyens, ce qui ne l'empêcha pas de perdre son procès.

Nous arrivons au terme de ces notes trop longues ; Gressent ne parle plus des derniers mois d'existence du parlement, que l'assemblée nationale allait maintenir en vacances perpétuelles par décret du 3 novembre 1789.

Le dernier document, que nous trouvions à signaler dans son recueil, se rattache à la convocation des Etats généraux.

C'est ce fameux « Mémoire *présenté à MM.* les Maire et Échevins *de la ville de Rouen par les Communautés, Corporations et citoyens particuliers de l'ordre du Tiers Etat de la ville,* suivi de la Délibération *de MM. les Officiers municipaux en l'assem-*

blée générale du 30 novembre 1788 (Rouen, Laurent-Dumesnil, 1788, in-4°, 18 p.).

Il avait pour but de trancher en faveur du Tiers Etat, en lui accordant la *double représentation,* avec la délibération des trois ordres en commun et le vote par tête, l'une des questions les plus délicates de la future représentation nationale.

Gressent fournit, à propos de cette requête, quelques détails bons à recueillir ; d'abord que, bien loin d'être sortie de l'initiative des communautés et corporations, elle avait été envoyée « par MM. de Ville aux corporations pour qu'elle fut souscrite des noms des syndics et adjoints ».

On trouve parmi les premiers signataires les prieur, juges-consuls et procureur syndic de la place de la Bourse et communauté des marchands de la ville de Rouen, autorisés par délibérations du 22 novembre 1788 (Jouen-Bornainville, Isambert, Lelocu fils et Hurard), et après une série de noms de particuliers, celui de Le Couteulx de Canteleu, écuyer, représentant pour le Tiers Etat à l'assemblée provinciale de la Haute-Normandie et à la Commission intermédiaire.

Gressent le note de cette mention : « il mérite bien un article à part, il en est auteur, député pour le présenter. »

Et à propos des consuls, premiers signataires, qui paraissent avoir été les initiateurs du mouvement, il ajoute : « Il y a plus, ils avoient un bureau où les bonnets gras allaient signer, et on lui donnoit pour sa peine un imprimé pareil à celui-cy et quelquefois de l'argent. »

Quoi qu'il en soit de cette critique, on trouvera au pied de ce document, à la suite de Le Couteulx de Canteleu, tous les noms de famille de grosse bourgeoisie dont bien des descendants existent encore, avec ceux des représentants de vingt-trois corporations, voire même les officiers porteurs de sel avec ceux de la Cinquantaine et les représentants d'une seule paroisse, celle de Saint-Paul.

Notons parmi les vœux exprimés celui « que les députés qui représenteront le tiers Etat ne puissent être pris ni élus que parmi les citoyens qui sont véritablement de cet ordre, sans qu'ils puissent être choisis ni parmi les nobles, ni parmi les anoblis, ni parmi ceux qui jouissent actuellement des privilèges de la noblesse ».

C'était du désintéressement; car, en ne consultant à cette date que la liste des anciens prieurs, on trouve ceux de Jos. Béhic (1747), Midy-Duperreux (1749), Guillebon de Neuilly (1752), P. N. Midy (1762), A.-F. Deschamps (1766), Midy d'Andé (1771), Midy de la Grainerais (1785), Barthelemy Le Couteulx de Canteleu (1786), qui tous font suivre leurs noms de la qualification d'écuyers.

Naturellement le triple vœu des communautés et corporations fut adopté par l'assemblée générale des officiers municipaux qui l'avaient provoquée, et naturellement encore elle désigna, comme le premier de ses députés, chargé de porter aux pieds du trône et de remettre aux ministres de S. M. le résultat de ses délibérations, celuilà même qui l'avait inspiré, M. Le Couteulx de Canteleu, premier conseiller échevin, en lui adjoignant M. Delespine, échevin moderne.

On sait comment le vœu de nos corporations et de nos officiers municipaux fut plus tard accompli. Il eût mieux valu sans doute que cette mesure, éminemment politique, et que les circonstances semblaient justifier, eût été volontairement consentie et non pas arrachée au Roi, mais il m'a semblé pouvoir clore mon récit sur cet incident, qui sert pour ainsi dire d'épilogue à ce que nous sommes convenus d'appeler l'*ancien régime*.

Je termine et je m'aperçois que je n'ai point de conclusion. Je ne sais point ce qu'est devenu Gressent, s'il périt pendant la période révolutionnaire ou s'il y survécut. Peu m'importe d'ailleurs, j'ai tenu à réveiller quelques souvenirs du passé, et mes vœux seront comblés si mes lecteurs en ont pu suivre la trame un peu décousue, sans éprouver trop de fatigue.